年谱与家谱

◎ 主编 金开诚

◎ 编著 滕吉庆

吉林出版集团有限责任公司

吉林文史出版社

图书在版编目（CIP）数据

年谱与家谱 / 滕吉庆编著 . —长春：吉林出版集团有限责任公司：吉林文史出版社，2010.11（2022.1重印）
ISBN 978-7-5463-4102-6

Ⅰ.①年… Ⅱ.①滕… Ⅲ.①年谱－研究－中国②家谱－研究－中国 Ⅳ.① K820

中国版本图书馆 CIP 数据核字（2010）第 222260 号

年谱与家谱

NIANPU YU JIAPU

主编/ 金开诚　　编著/滕吉庆
项目负责/崔博华　责任编辑/崔博华　刘姝君
责任校对/刘姝君　装帧设计/柳甬泽　王丽洁
出版发行/吉林文史出版社　吉林出版集团有限责任公司
地址/长春市人民大街4646号　邮编/130021
电话/0431-86037503　传真/0431-86037589
印刷 / 三河市金兆印刷装订有限公司
版次/2010 年 11 月第 1 版　2022 年 1 月第 5 次印刷
开本/650mm×960mm　1/16
印张/9　字数/30千
书号/ISBN　978-7-5463-4102-6
定价/34.80元

关于《中国文化知识读本》

文化是一种社会现象，是人类物质文明和精神文明有机融合的产物；同时又是一种历史现象，是社会的历史沉积。当今世界，随着经济全球化进程的加快，人们也越来越重视本民族的文化。我们只有加强对本民族文化的继承和创新，才能更好地弘扬民族精神，增强民族凝聚力。历史经验告诉我们，任何一个民族要想屹立于世界民族之林，必须具有自尊、自信、自强的民族意识。文化是维系一个民族生存和发展的强大动力。一个民族的存在依赖文化，文化的解体就是一个民族的消亡。

随着我国综合国力的日益强大，广大民众对重塑民族自尊心和自豪感的愿望日益迫切。作为民族大家庭中的一员，将源远流长、博大精深的中国文化继承并传播给广大群众，特别是青年一代，是我们出版人义不容辞的责任。

《中国文化知识读本》是由吉林出版集团有限责任公司和吉林文史出版社组织国内知名专家学者编写的一套旨在传播中华五千年优秀传统文化，提高全民文化修养的大型知识读本。该书在深入挖掘和整理中华优秀传统文化成果的同时，结合社会发展，注入了时代精神。书中优美生动的文字、简明通俗的语言、图文并茂的形式，把中国文化中的物态文化、制度文化、行为文化、精神文化等知识要点全面展示给读者。点点滴滴的文化知识仿佛繁星，组成了灿烂辉煌的中国文化的天穹。

希望本书能为弘扬中华五千年优秀传统文化、增强各民族团结、构建社会主义和谐社会尽一份绵薄之力，也坚信我们的中华民族一定能够早日实现伟大复兴！

目录

一、年谱的起源与发展

　　我国各种文献资料浩如烟海，国有史，邑有志，宗有谱，家有乘，山林古刹亦有书，其中有一种记载人物传记的较为特殊的文献体裁，那便是年谱。之所以说年谱是一种较为特殊的文献体裁，是因为它与一般的传记有所不同，传记以记传主生平的一些重大事件为主，而年谱则是以谱主为中心，以年月时间贯穿，较为全面细致地记载谱主一生所经历的事件。通过年谱，我们可以更直观

地了解谱主的人生足迹，并且可以通过时间，编织起一幅较为丰富的谱主人生画卷来。

年谱一词，最早见于《汉书·艺文志》。然而那时还不是真正意义上的年谱，只有其名，而不是我们现在所见的年谱的样式。年谱历经岁月的变迁，历经谱牒、年表、宗谱、传记等体裁，才最终形成了现在的年谱形式。

学术界一般认为，最早的年谱始于宋代。据学者不完全统计，现存及见于过去目录与其他著作记载的宋人所编年谱大约有165部，其中为前代人所编年谱有59部，其余是为本朝人所编。我们现在可以考虑一下，年谱既然在宋代已经接近于成熟，也就是说宋代是年谱的成型期，那么它出现的年代应该早于宋代。之所以说年谱始于宋代，是采取了一种较为折中的办法，减少了一些学术纷争，而且宋代所存年谱的数量确实较前代有了一个较大的提升。如在宋人为前代人所编谱中，有孔子谱九部、陶渊明谱五部、杜甫谱十二部、韩愈谱七部、白居易谱七部、柳宗元谱两部等；在为本朝人所编的一百多种年谱中，政治家和著名文人大多有谱，有的还不止一种，如范仲淹两部、欧阳修九部、周敦颐两部、苏洵四部、苏轼九部、黄庭坚三部、苏辙三部等；此外方外之人如僧人大慧普觉禅师、道士紫阳真人张用成等也均有同道为之编谱。由此可见，宋代的年谱数量已经较为可观，而且，年谱的作者比较广泛，有后世学者仰慕前贤而为之编谱，有门生、弟子为老师编谱，有人弟、子、孙为兄、父、祖编谱；也有僧人、道士为先贤编谱，更有谱主自编年谱。

自宋而始，年谱历经元、明、清三朝不断发展。清代编修年谱工作，与宋、元、明三朝相比，更是取得了较大的成绩，现存古人所编年谱，有一半以上是清朝

时所作，数量超出三朝总和。与前三朝相比，清代编谱者不少是学识深厚的学者，这就使一大批质量较高、足以供参考的年谱纷纷呈现于学术之林，为我们的研究工作提供了有价值的资料。

近代以来，谱主范围比以前更为扩大，超出了过去以达官贵人、文人学者为主要谱主的局限，社会各阶层的杰出人物都被列为谱主，如被诬为盗匪的洪

秀全、秋瑾；不受重视的科技人物梅文鼎、李善兰；戏剧小说家蒲松龄、曹雪芹以及僧道、妇女等都有专谱行世。清代大批汉学家的生平、学行也有专谱行世，这对学术史的研究大有裨益。

年谱自兴起后，一直得到顺利发展而不衰，究其原因，大致有如下几点：后人为了研究前代文人学者的作品和学说，通常要按年月排列谱主事迹以寻求作品与学说形成的时代背景、发展痕迹以及师承学友等，而年谱则恰好满足了这种研究的需要，因而得以不断地完善、发展；年谱可以补充国史、家传之阙，并能订正讹误。如姜亮夫先生在《中国历代年谱总录·序》中说："年谱者，人事之史也，所关至宏伟。小之则一技一艺之珍闻雅记，因之而传，大之则足补国史之缺佚，为宋以来流畅于民间之一大业。"国史、家传对于一个人的生平事迹只能择要叙述，次要的或者有当时被

认为无足轻重的事件往往略写。有的还由于记载传闻的歧异而与记述内容有舛误之处。这样，年谱便应客观实际的需要担负起补正和订正国史、家传的任务。清初史学家全祖望以及清末学者孙诒让都曾对这点作了详尽的说明；由于年谱比一般传记搜罗资料丰富些，编纂形式也比较灵活，又以年为序便于检用，所以这一体裁一直沿用不衰。

由于以上原因，年谱大量流传下来，1980年出版的杨殿珣的《中国历代年谱总录》著录，共收年谱3015种，记载谱主1829人。1992年出版的《中国历代人物年谱考录》著录，共收年谱6259种，谱主4010人，数量之大，充分显示出年谱的普及程度。

此外，清代发达的文化氛围以及高压的专制主义文化政策也对年谱的发展起到了重要的作用。一方面，清朝从顺治入关建立政权之后，历经康熙、雍正、乾隆三朝的恢复发展，已达到了所谓的"盛世"阶段，学术文化各方面都在前人基础上取得了新的成就。为了配合学术研究，年谱作为一种研究对象也得到了较快的发展，尤其是乾嘉时期考据学的发达，为了使研究基础更为扎实，对于人物的研究需要更为翔实的背景资料和有关生平事迹的详细记述，而年谱则是一种最合适的体裁。顾廷龙在《中国历代名人年谱目录·序》中说"乾嘉之际，竞尚考据，而编纂年谱之业遂蒸蒸日上，至今有甚而不衰"；另一方面，清代推行文化专制，文字狱频发，一些文人"避席畏闻文字狱，著书都为稻粱谋"，于是有的人就选择罗列一个人的生平来借以评述史事，以求避免触犯忌讳，这也在客观上使年谱的编写量有所增加。

二、谱主与编者

（一）谱主的类型

谱主，顾名思义，就是年谱所叙述和评论的主人，例如《韩文公年谱》的谱主便是韩愈，《方望溪先生年谱》的谱主便是方苞。年谱发展成型后，谱主范围极为扩大，大致包括如下各种类型人物。

1.官僚

上起军机大臣、大学士，下至州县

官吏等各级类型人物都有涉及。如军机大臣、大学士有张玉书、朱轼等谱；尚书、侍郎有翁叔元、钱陈群等谱；各省督抚有范承谟、邓廷桢等谱；提督、总兵有杨遇春、葛云飞等谱；府州县官有胡具庆、王祖肃等谱；学官有焦袁熹、莫与俦等谱。这些年谱对了解当时的政治以及制度等方面具有较高的价值，提供了第一手的研究资料。

2. 文人、学者、艺术家

文学家与学术家的年谱所占的数量较多。如文学家的年谱有诗人吴伟业、袁枚、陈衍等谱；古文家有侯方域、方苞等谱；词人有纳兰性德、厉鹗等谱；剧作家有尤侗、洪昇、孔尚任等谱；小说家有蒲松龄、吴敬梓等谱；通俗文学有屠绅、陈端生和评剧作者成兆才等谱。

还有一些学者，他们有的自撰年谱，叙述读书、治学、师承、著述以阐明其学术要旨之所在；有的由学友门生或家人纂辑谱主有关资料，论述谱主学术成就以示崇敬之意；有的因后世学人为了研究某些学者的学术造诣与成就而纂谱以备知人论世之需。比如思想家顾炎武、黄宗羲、王夫之、康有为、梁启超、谭嗣同等谱；理学家李光地、汤斌等谱；经学家阎若璩、孙诒让等谱；史学家全祖望、钱大昕等谱；文字学家段玉裁、朱骏声等谱；目录学家张金吾、姚振宗等谱；地理学家徐松、杨守敬等谱；算学家梅文鼎、李善兰等谱。

一些有成绩的书画家和有特殊技能的艺人，也有人为他们编谱，如画家有石涛、吴历、王时敏等谱；书法家有包世臣、郭尚先等谱；鉴赏家有周亮工谱；棋手有范世勋、施定庵等谱；制砚专家有高凤翰谱。

这些年谱真实地记载了文人学者的日常事迹，对研究他们的作品提供了较为详细的背景资料，能够通过年谱所记

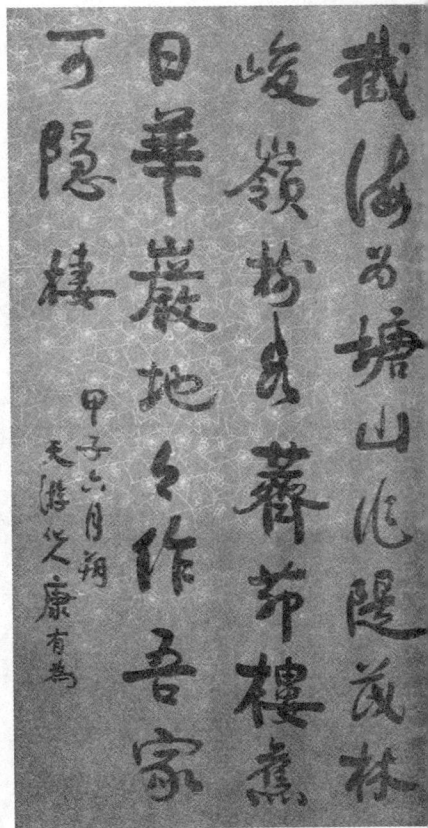

录的生活点滴的研究，看出一个学者的学术素养，也可以通过年谱研究所记载的艺术家的艺术追求。

3. 其他人物

还有一些商人、僧道、妇女、遗民以及其他社会上的各类型人物，都有人为之作谱。这些商人大多是由官绅和高利贷者转化而来的近代民族资本家；僧道大多是在佛学和道学方面有较高造诣的人；做年谱的妇女既有风流余韵的哀艳人物，又有一定修养和造诣的文人学者；遗民之中有很多人从事讲学和著述活动，并大多有专集行世，所以有门人或后学为表示仰慕钦敬和研究的需要而为他们编谱。

（二）编者的类型

过去有人曾把年谱的编者分为自撰、家属所撰、友生所撰和后人所撰四种。

从现存的年谱看，这四种类型基本上概括了年谱的编者，所以就以此来加以说明：

1. 自撰

自撰年谱，有人认为始于司马迁的自叙，如清人黄恩彤在其《稀龄追忆录》自序中曾说："近世卿大夫往往自著年谱，盖昉于太史公之自叙，其所由来远矣。"这种说法是不准确的，因为《太史公自叙》只是一篇自传，而非年谱。自撰年谱产生于宋代的说法比较可靠，这种说法见于目录记载的有真德秀《真西山年谱》等五部，留传至今的尚有文天祥《纪年录》一卷。元代有方回的《先觉年谱》。明清两代就更多了，特别是清代，自撰年谱几乎占全部年谱的四分之一。明代如魏大中有《廓园自订年谱》一卷；清代如王崇简等人都有自订年谱，沈德潜有《沈归愚自订年谱》、英和有《恩福堂年谱》等。

自撰年谱主要是为了夸耀成就，宣

扬业绩；有的则是自记生平以垂告子孙或希望载入家谱，借以传流；还有一些则是一生道路坎坷，志不得伸，借自编年谱来发泄自己的不平之气。自编年谱按编写方式，有谱主手订，谱主口述、他人笔录整理，谱主先自订，后来由子孙、亲属、门人或其他人为之补注、校订和续编这三种情况。

2. 家属所撰

此类年谱中子为父撰谱的居大多数，如宋人周纶为其父周必大编《周益国文忠公年谱》，倪祖常为其父倪思编《倪文节公年谱》，元人刘因为其父刘述编《先君记事》一卷，清人王开云为其父王文雄编《王壮节公年谱》等。此外还有弟为兄撰谱、侄为伯撰谱、孙辈为其祖辈撰谱、子为母撰谱等。

3. 友生所撰

所谓友生指门人及朋友等，其中门人为老师编谱的较多。门人为其师编谱

始于宋，如朱熹门人李方子编《朱文公年谱》一卷。清代此风尤盛，如董秉纯为全祖望编《全谢山年谱》、段玉裁为戴震编《戴东原先生年谱》等。

4. 后人补撰

这类年谱是创始阶段数量较多的一类，陶渊明、韩愈、柳宗元和杜甫等著名文学家均有宋人所撰年谱。这是由于后人为研究文人学者的生平和成就而补撰的。撰谱人也多为有一定学术水平的学者。清代以来，随着学术研究的发展，这类年谱数量更加繁多。清代各学术领域的著名学者多有后人按年将他们的事迹编为年谱。如目录学家缪荃孙为地理学家徐松编《徐星伯先生年谱》等。

三、年谱的体裁与体例

（一）年谱的体裁

1. 文谱

这是用文字来叙述谱主一生的事迹，并为绝大部分编谱者所采取的体裁。有的是按年为次，于年下分行顺叙谱主事迹，这种顺叙式年谱大多叙事不是很详细，也不引据原始资料。另一种是纲目式，即按年以大字为纲记事，或在纲题下用双行小字附注资料来论证记事的可信性，或低格另行详记记事原委，使谱主事迹更全面完备，有的则在目下另附编谱者的按语，对记事和引述资料加以考辨。这类文谱为年谱中的最多数。另有一种非常简略的目录附谱，往往在诗文集的目录中，根据诗文编年简记该年的谱主事迹，对了解谱主诗文创作背景有很大帮助。

2. 表谱

表与谱是同一源流的，清代学者多有此主张。年谱用表的形式表达比较简要易读，但其编法又有所不同。有的仍称年谱而分栏记事，如清人赵殿成编《王维年谱》时即分记年、时事、出处、诗文四栏，分别记事，虽记事简略，但眉目清楚，便于省览；有的已有年谱，为附入诗文集中简便而将顺叙式年谱改为表式，如清人金荣曾将王士禎自编年谱及惠栋补注改编为表式年谱，此表谱前有世系，表分纪年、时事、出处及诗文著述四栏，叙述简要，颇便省览；有的则是直接编为年表，并以年表为名。如清代后期的赵彦俶的《自订年表》，分上下栏记事，内容简略。

3. 诗谱

有的年谱用诗体来综述谱主一生事迹，如清初金之俊自编的《年谱韵编》，用韵语自述一生际遇，是属于诗体的一

种形式，如开头一段记出生以来情况说：

虚度古稀七，流光闪电急。

忆从堕地来，父母爱无匹。

……

十三应童试，屡试辄见抑。

十九改麟经，工夫仅百日。

经淑泰靖兄，二十嘉庠入。

岁底始完婚，娱亲谐琴瑟。

……

这一韵编，文字过于埋俗，对一生
事迹仅得其大要而已。有的虽以诗记事，

但多补充文字说明，形成一种诗文结合体，如乾嘉时的万廷兰曾自编《记年草》，每年作诗一首，低一格附叙事一段。稍后的苏履吉自编《九斋年谱诗》40首，记一生经历，并于诗句下系以双行小字记事。有的诗谱内容比较丰富，甚至评论时事，如民国初年的遗老方观澜曾自编《方山氏记事诗》，以诗作纲，其下系以记事。

4. 图谱

这是用图画的形式来表述谱主一生事迹的体裁。它以因为主，附以诗或文

作说明。如清初文学家尤侗在自编《悔庵年谱》之后所附的《年谱图诗》，就是把他一生事迹择其大者，绘图16幅，以记一生主要活动，起正谱大事提要的作用。这16幅图的产生是因为谱主感到"生平事迹繁琐，难以枚举，故摘其大者绘为十六图，各缀小诗，志其本末，用以自娱，亦可贻诸子孙"。

（二）年谱的体例

年谱体例，屡有变化，有人经过比

较研究，提出按谱主的不同身份而采取不同体例，大致可归纳为以下几点：

1. 如为学者编谱，那就需要搜求谱主著作中的要旨，进行分析研究，并广泛地吸取与谱主有关学者的论述，加以"曲畅旁通"，提出个人独立见解，以显示谱主所处时代的思想学说的沿革。

2. 如为达官显宦编谱，那就应该比较详尽地罗列谱主的重要事迹，并辑入重要的奏疏和谕旨，以补充国史记载的不完备。

3. 如后学为前贤编谱，应尽量将谱主专集中的论著纳入谱中，若感还有不足，则可补充最亲近人专集中可采取的内容，以作订正其他记载中的舛误处。

4. 对于谱主评论友朋的言词可以不必回避而记于谱中所涉及友朋的卒年之下。这样既能考见谱主的见解，又能反映特定时代的思想倾向。

年谱的编制体例有通谱、专谱、合

谱的不同。它们有共同的体例内容，也有不同的侧重。

通谱：

这是对谱主一生各方面进行综合性叙述的谱例。它包括如下的内容：

谱主的字号、籍贯、生卒和得年；

谱主的科名、仕历或经历和功业；

谱主的创作成就和学术造诣；

谱主的交游及有关人物的生卒和简况；

谱主的家事以及所受恩宠与哀荣；

当代大事及附录。

各谱按谱主的不同情况，对上述各项或者包括全部，或者缺略某些项。

专谱：

专谱与通谱的综合叙述不同，它只就谱主某一方面的事业成就或某一时期的活动作专门记述的年谱，谱主其他方面活动与中心事业或特定时期无关则概不阑入，或仅简略提到而已。

专谱之体大约起于宋程俱所编的《韩文公历官记》，此谱以记韩愈官历为主，略涉及其文学。宋赵子栎有《杜工部年谱》，以记杜甫诗作为主。有的专谱选择谱主一生事业中的一个方面为叙述中心，如清康熙时著名画家高凤翰以诗画驰名当时，但他另一爱好是治砚，一生蓄砚千余方，咸丰时的钱侍辰专门以高氏制砚、刻砚活动为主编成《高南阜先生砚史年谱》这一专谱。

专谱还有以谱主某一时期活动为中

心而编写的体例，如罗尔纲等编的《金田起义前洪秀全年谱》，专记谱主起义前的行事。鲁迅不同时期都有专谱，如陈漱渝编的《鲁迅在北京时期活动年表》等。

有的专谱采用表谱体裁直接命名年表的，如近人孙文青为西汉科学家张衡编的《张衡著述年表》、朱羲胄为译作家林纾编的《春觉斋著述年表》、方豪为宗教家马相伯编的《马相伯先生在教事迹年表》等等。

这类"专谱"对专门学术领域和谱主某一时期活动的研讨，较之一般通谱尤为有用，这是年谱中值得发展的一种体例。

合谱：

合谱与合刊不同。合刊是一种流通形式，是把几种内容性质接近的年谱合在一起刊行流传，每人仍保持单谱的地位，分刊仍可单行；合谱则是一种编纂体例，是把有关人物写成一个谱，无法单行。最早的合谱是把宋代文学家苏洵、苏轼、苏辙父子三人合写成《三苏先生年谱》，可惜此谱已失传。元李道谦和丘处机等七位道士而编成《七真年谱》是现存最早的合谱。清人林春溥编的《孔门师弟年表》是以孔子为主，联同孔门弟子21人，合为师徒一编。乾嘉时金石家翁方纲自编《翁氏家事略记》即始于明正德二年，简记家世世系，成为翁氏家族的合谱。

近代编制合谱较之前有所发展，并且有不同的合谱方式：

有父子合谱的，如刘盼遂为乾嘉时汉学家王念孙、王引之父子合编《高邮王氏父子年谱》，以父为主，以子为附，子出生附入父谱，并以低一格注明附字再叙事。其他如钱穆为西汉目录学家刘向、刘歆父子合编《刘向刘歆父子年谱》；夏承焘为词人李璟、李煜父子合编《南唐二主年谱》等。

有夫妇合谱的，如许维遹为乾嘉时经学家郝懿行、王照圆夫妇合编《郝兰皋夫妇年谱》。此谱以郝懿行为主，间及王照圆事迹，于乾隆二十八年（郝懿行七岁）条下始附入《继配王安人瑞玉年谱》，止于郝的卒年，谱即告终，而王氏尚存世近二十年。其不续编王谱的理由是，自郝懿去世后，王氏便回家乡居住，"事迹萧沈，无从稽考"，所以合谱便结束在郝懿行卒年。如黄盛璋编《赵明诚李清照夫妇年谱》记宋代金石家赵明诚与女词人李清照夫妇事迹。

有家族人物的合谱,如《庐江钱氏年谱》便是自元元统元年庐江钱氏始祖起至清宣统三年止的全家合谱,始编于钱仪吉,而由钱骏祥续编,前后跨度达五百余年之久。

近代学者梁启超提倡合谱,他认为:"从前有许多人同在一个环境,同做一种事业,与其替他们各做一部年谱,不如并成一部,可以省了许多笔墨和读者的精神。"这是有一定见地的。当然,合谱必须具备适合的条件,如亲密关系和共同事业等等。不过,这种条件必竟是少数,所以合谱在年谱中为数远不如通谱、专谱多。

四、年谱的价值

年谱的史料价值不外乎两个主要方面，一是为历史人物的生平提供资料，二是为论史、证史提供论据。年谱记载人物生平较之一般传志详尽，如记仕历往往记其升沉过程和错综复杂的关系；如记学行则详细记录谱主进学程序、用功标准、遗著佚作、师友渊源、生徒传授等等。至于湮没无闻的人，又因年谱钩稽资料而见知于世。所以年谱可以作"知人论世"之用，但在使用时必须注意

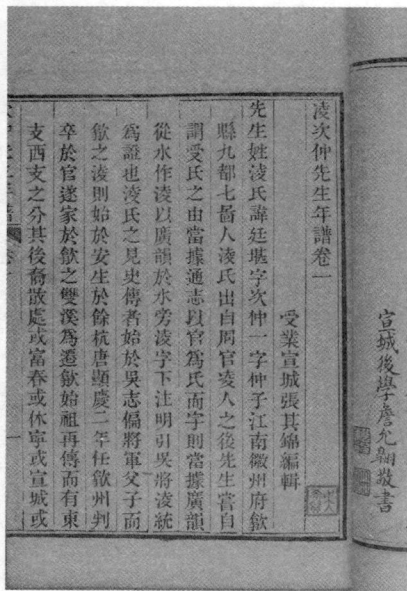

一个问题，那就是年谱的编纂大多出于子孙和门人友朋之手，这些人往往掺入个人感情成分，有溢美之辞，即使是时代相隔的后人，也多是因钦敬谱主其人其事其学，不能不有所偏私，因而容易不加以参证就给予论断。

年谱中有些资料可与其他记载相互印证与补订。它涉及的范围也比较广，如：

关于制度和政策：

《孙宗彝年谱》记江苏高邮地方按房征役的苦累状况是："倾家丧命，年年有之，唯有献房于豪家或拆屋逃去，以避差役。"顺治十八年条记高邮地方按田、按丁征役的苛烦，而丁差尤苦的情状，可见清初徭役制的残民。

关于人民的反抗斗争：

《阿文成公年谱》(阿桂)、《沈端恪公年谱》(沈近思)、《德壮果公年谱》(德楞泰)、《忠武公年谱》(杨遇春)、《罗壮勇公年谱》(罗思举)《弇山毕公年谱》(毕沅)、《韩桂舲手订年谱》(韩崶)等谱都记有与台湾朱一贵、林爽文起义、各少数民族起义、川楚教军大起义、天理教起义和棚民反抗等有关资料。有的年谱还有专题附录,如《独学老人年谱》(石韫玉)嘉庆八年条所附《教匪始末》记川楚教军事较详。

关于社会经济状况:

汪辉祖自撰《病榻梦痕录》记乾隆五十一年苏、皖、鲁等地的具体灾情是"流丐载道""尸横道路"、死人"埋于土,辄被人刨发,刮肉而啖"。赵怀玉在《收庵居士自叙年谱》中记嘉庆十八年直隶、山西、山东、河南等省旱灾的具体情状是"几至易于西食""市中竟有以人肉为卖者"。这些都是谱主耳闻目见的实事,足以证明当时社会经济残破之甚了。

关于文化:

《纪晓岚先生年谱》《查他山先生年谱》《澄怀主人自订年谱》《雷塘庵主弟

子记》等都较详细地记述了《四库全书》《佩文韵府》《续文献通考》《康熙字典》和《经籍纂诂》等书的纂辑过程。《吕留良年谱》《查他山先生年谱》《南山先生年谱》《张文倍公年谱》记清代吕留良、查嗣庭、戴名世、胡中藻等文字狱案始末颇详，都反映了当时社会的文化状况。

关于重大历史事件：

《李文襄公年谱》《平南王元功垂范》《范忠贞公年谱》等书都记有"三藩事件"资料；《梦庵居士自编年谱》《葛壮节公年谱》《稀龄追忆录》等书记有鸦片战争史事。

这类年谱中虽有如上述各例可供参证的史料，但也必须注意到其中有许多年谱或出于自订，或出于子孙及友生之手，不免有夸大炫耀的成分，有的年谱甚至还为谱主污行曲加讳辩；有的年谱摘引奏疏、著作量较大，如原引资料尚存世流传，则仅便于集中翻检，而史料价值

相对减低。

有些年谱所记资料为他书所不及，有助于补阙解疑，择要举例：

《赵客亭先生年谱记略》

谱主赵于京，清初顺康时人，历任山东、陕西、河南府州县官。门人吕元亮为之撰谱，其康熙十八年记河南卢氏棚民反抗斗争事甚详。南方棚民反抗，清人著作多有论及，但河南棚民反抗事迹尚不多见。

《冯旭林先生年谱》

谱主冯春晖，清嘉道时历任山东府州县官。此谱道光三年条记山东临清马进忠起义事甚详。此次起义虽为时不过三个月，但声势遍及河北、山东，立"天心顺"年号，设大将军、军师、尚书等官职，最后失败，遭到残害者有五百余人，一般著述尚不经见。

《文文忠公自订年谱》

咸丰时顽固派代表人物文祥自撰。咸丰三年二月条记太平军克复金陵后，北京"阅城钱铺于二月初同日关闭，……任京职者纷纷告假出都"。同年九月条又记太平军北伐至天津时，"内外城均设严防，京官甚有不待请假即仓皇出城者"。于此可见太平军声威之盛和京师震惊的具体情状，为其他记载所不及。

《乐农自订行年记事》

近代民族资本家荣德生自撰，这是一部民族资本家的发家史，记荣家由经营钱庄，进而经营面粉、制米、纱厂各种企业的过程，可以看出一个高利贷者如何转化为民族资本家的具体过程。

《鹤闲草堂主人自述苦状》

这是嘉道时人王清瑞的自谱，附刊于《华亭王氏族谱》中，因此末被人注意。此谱道光二十二年六月条下自注说："余辑《溃痈流毒》一书。"谱后姚春本一诗中也说："君辑《溃痈流毒》一书，详载英夷反复事。"此记载可解决一直不知《溃痈流毒》一书作者为谁的疑问。

上述数例可证年谱中确有有价值的史料，但可惜这类年谱的数量较少，即在谱中也须细加翻检方能获得。

五、年谱的编撰

年谱的编撰，有以下几个过程：

确定主旨

编纂年谱首先应该确定主旨，就是确定编纂的主要内容。过去有些年谱的编者曾自述其编纂主旨是：编写谱主生平、治学修身的发展过程及其成就，并兼述谱主家世、师承等内容。这自然是指撰述学者年谱而言，也就是说学者年谱应以学行为主旨。有的人更具体规定学者年谱的内容主旨应包括三个方面：

一是进学的次第，用功的标准；二是概述遗著散失情况；三是记录师友生徒的事迹。但是，如果一个人一生平庸，没有什么学行功业可记，只能汇集这个人宦迹、家世等流水账而编成年谱，那还不如不写。

清代史学家杭世骏对年谱有较深研究，曾提出过编纂年谱时的主旨要求说："必其德业崇阔，文章彪炳，始克足以当此，未有以草亡：木卒之人而可施之以编年纪月之法也。"必须以人物的重要事件为中心线索来贯穿全书。这就是所谓确立主旨，然后无论搜集资料，考辨选择，论述成谱都能有所依归而不致使年谱成为漫无边际的流水簿，否则，那就难以称为一部合格的年谱。

资料的搜集与考辨

年谱应以丰富资料为依据，所以一部比较完备的年谱多半都很注重搜集资料，如那彦成主持编纂的《阿文成公年谱》，虽篇幅过繁，但它大量收录重要的奏疏、谕旨确可补国史之不足。

大量资料基本集中后，重要的步骤在于考辨资料的真伪及其价值，去粗取精，去伪存真，即使细枝末节也要考辨清楚，对各种疑点都严加考证和甄选，必将树立和增强年谱的可信性。

知人论世

年谱不仅叙列生平事迹，学术事功，更重要的作用在于知人论世。过去许多学者在论述年谱的社会作用时都把"知人论世"的依据归之于年谱的编纂。年谱虽然不像写传记那样，对人物可用撰者的直接评论和按谱来"知人"，但它却是知人论世的一种好方法。它把人放在一定的"世"（社会的和历史的条件）内，使人在与"世"结合的叙事中寓于对人的论断。一个人通过年谱的知人论世往往获得始料未及的效果，如清代著名学者张穆撰《顾亭林先生年谱》后，并没

有续编与顾亭林地位声望相等的黄宗羲年谱，反而编纂以考证见长而气节远不如顾、黄的阎若璩，因而遭到别人的非议，认为张穆所撰年谱影响很坏，失去了年谱知人论世的作用。

附录

年谱资料的收集范围较广，因此有些资料内容大同小异，有些用在谱文中比较累赘，有些只能作旁证材料，有些则涉及谱主的逸闻琐事，一时难以全部选录入谱，但丢弃它又很可惜。因此常在年谱编纂体例中增入附录一体，用来保存资料。前人曾经使用过这种体例，如苏惇元编的《张杨园（履祥）先生年谱》后就附录《编年诗文目》《末列年谱书目》《节录诸家评论》《谒墓记》等，将未能入谱的资料得到保存。又如清乾嘉学者郝懿行夫妇均为学者，近代许维遹编《郝兰皋夫妇年谱》，并于谱后附录《郝兰皋先生著述考》《王安人瑞玉著述考》《郝

康仲先生著书目》等多种，为研究郝氏家族的学术成就提供了备考资料。

年谱数量较多，翻检查阅很烦难，一旦需要，从浩如烟海的书海中去搜求实为不易，为了便于检索年谱，可以利用一些查检年谱的工具书：

《年谱考略》 梁廷灿编

原载于 1929 年国立北平图书馆月刊第三卷第一至五号。这是最早成书的一部年谱专目，共收年谱四百余种，每谱列谱主姓名、别号、谥号、籍贯及生卒年，并特有附、按。

《中国历代名人年谱综录》 汪闿编

原载于 1929—1931 年江苏省立国学图书馆第二至四年刊。这是年谱馆藏目录之始，共收年谱近五百种，著录谱主、编者、异名及版本等。

《共读楼所藏年谱目》 陈乃乾编

1935—1936 年人文月刊六卷七期至七卷二期，另有油印单行本。这是私人

收藏年谱的专目，按年谱编者分类，类下按谱主时代排序，共收录年谱五百余种。

《中国历代名人年谱目录》 李士涛编

1941 年商务印书馆出版。此谱收谱主 964 人，年谱 1108 部，其中包括一人多谱者。

《上海图书馆馆藏年谱目》 上海图书馆编

1957 年油印本。此谱专收单行本、丛书本和专集附刊本，收期刊中所载年谱。共收谱六百八十余种。

《中国历代人物年谱集目》 杭州大学图书馆资料组编

1962 年铅印本。此谱所收不限馆藏，除著录所见年谱外，尚转著其他目录书中所见年谱目，共收 1840 种。

《中国历代年谱总录》 杨殿珣编

1980 年由书目文献出版社出版。此

谱凡编者经眼之谱编为《年谱总目》，仅见于著录有待访求者编为《待访年谱简目》，末附《谱主姓名别名索引》。共收谱主 1829 人，年谱 3015 种，以谱主生年排序。

《近三百年人物年谱知见录》 来新夏编著

1983 年上海人民出版社出版。共分六卷，前五卷收自明清之际至生于清而卒于辛亥以后的人物共八百余种，每种年谱写一篇书录，其一人多谱者，仅略去谱主事略部分。此谱书录著谱名（包含异名）、撰者、刊本、著录情况、谱主事略、史料、编谱情况。其史料著录部分最有裨于证史论史。第六卷附录有两部分，一是《知而未见录》，著录见于其他书目或著述而尚未获见者；二是索引，分为谱主索引与谱名索引。

六、修谱实例：孔子年谱

1 岁：（公元前 551 年）鲁襄公二十二年

孔子生于鲁国陬邑昌平乡（今山东曲阜城东南）。因父母曾为生子而祷于尼丘山，故名丘，字仲尼。

按：关于孔子出生年月有两种记载，相差一年，今从《史记·孔子世家》说。

3 岁：（公元前 549 年）鲁襄公二十四年

其父叔梁纥卒，葬于防山（今曲阜

东 25 里处）。孔母颜征在携子移居曲阜阙里，生活艰难。

5 岁：（公元前 547 年）鲁襄公二十六年

孔子弟子秦商生，商字不慈，鲁国人。

6 岁：（公元前 546 年）鲁襄公二十七年

弟子曾点生，点字皙，曾参之父。

7 岁：（公元前 545 年）鲁襄公二十八年

弟子颜繇生，繇又名无繇，字季路，颜渊之父。

8 岁：（公元前 544 年）鲁襄公二十九年

弟子冉耕生，字伯牛，鲁国人。

10 岁：（公元前 542 年）鲁襄公三十一年

弟子仲由生，字子路，卞人。是年鲁襄公死，其子裯继位，是为昭公。

12 岁：（公元前 540 年）鲁昭公二年

弟子漆雕开生，字子若，蔡人。

15 岁：（公元前 537 年）鲁昭公五年

孔子日见其长，已意识到要努力学习做人与生活之本领，故曰："吾十有五而志于学。"（《论语·为政》）

16 岁：（公元前 536 年）鲁昭公六年

郑铸刑鼎。弟子闵损生，字子骞，鲁国人。

17 岁：（公元前 535 年）鲁昭公六年

孔母颜征在卒。是年，季氏宴请士一级贵族，孔子去赴宴，被季氏家臣阳虎拒之门外。

19 岁：（公元前 533 年）鲁昭公九年

孔子娶宋人亓官氏之女为妻。

20 岁：（公元前 532 年）鲁昭公十年

亓官氏生子。据传此时正好赶上鲁昭公赐鲤鱼于孔子，故给其子起名为鲤，字伯鱼。是年孔子开始为委吏,管理仓库。

21 岁：（公元前 531 年）鲁昭公十一年

是年孔子改作乘田，管理畜牧。孔子说："吾少也贱，故多能鄙事。"(《论语·子罕》) 此"鄙事"当包括"委吏""乘田"。

27岁：(公元前525年) 鲁昭公十七年

郯子朝鲁，孔子向郯子询问郯国古代官制。孔子开办私人学校，当在此前后。

30岁：(公元前522年) 鲁昭公二十年

自十五岁有志于学至此时已逾 15
年，孔子经过努力在社会上已站住脚，
故云"三十而立"（《论语·为政》）。是
年齐景公与晏婴来鲁国访问。齐景公会
见孔子，与孔子讨论秦穆公何以称霸的
问题。弟子颜回、冉雍、冉求、商瞿、
梁鳣生。回字渊，雍字仲弓，求字子有，
瞿字子木，皆鲁国人；鳣字叔鱼，齐国人。

31 岁：（公元前 521 年）鲁昭公二十一

年

弟子巫马施、高柴、宓不齐生。施字子期,陈国人;柴字子高,齐国人;不齐字子贱,鲁国人。

32岁:(公元前520年)鲁昭公二十二年

弟子端木赐生,赐字子贡,卫国人。

34岁:(公元前518年)鲁昭公二十四年

孟懿子和南宫敬叔学《礼》于孔子。相传孔子与南宫敬叔适周问礼于老聃，问乐于苌弘。

35 岁：（公元前 517 年）鲁昭公二十五年

鲁国发生内乱。《史记·孔子世家》云："昭公率师击（季）平子，平子与孟孙氏、叔孙氏三家共攻昭公，昭公师败，奔齐。"孔子在这一年也到了齐国。

36 岁：（公元前 516 年）鲁昭公二十六

年

齐景公问政于孔子,孔子对曰:"君君、臣臣、父父、子子。"孔子得到齐景公的赏识,景公欲以尼溪之田封孔子,被晏子阻止。孔子在齐闻《韶》乐,如醉如痴,三月不知肉味。

37岁:(公元前515年)鲁昭公二十七年

齐大夫欲害孔子,孔子由齐返鲁。吴公子季札聘齐,其子死,葬于瀛、博之间。孔子往，观其葬礼。弟子樊须、原宪生。须字子迟，鲁国人；宪字子思，宋国人。

38岁：（公元前514年）鲁昭公二十八年

晋魏献子（名舒）执政，举贤才不论亲疏。孔子认为这是义举，云："近不失亲，远不失举，可谓义矣。"

39岁：（公元前513年）鲁昭公二十九年

是年冬天晋铸刑鼎，孔子曰："晋其亡乎，失其度矣。"

40岁：（公元前512年）鲁昭公三十年

经过几十年的磨炼，对人生各种问题有了比较清楚的认识，故自云"四十而不惑"。弟子澹台灭明生。灭明字子羽，鲁国人。

41岁：（公元前511年）鲁昭公三十一年

弟子陈亢生。亢字子禽，陈国人。

42 岁：（公元前 510 年）鲁昭公三十二

年

昭公卒，定公立。

43 岁：（公元前 509 年）鲁定公元年

弟公西赤生。赤字华，鲁国人。

45 岁：（公元前 507 年）鲁定公三年

弟子卜商生。商字子夏，卫国人。

46 岁：（公元前 506 年）鲁定公四年

弟子言偃生。偃字子游，吴国人。

47 岁：（公元前 505 年）鲁定公五年

弟子曾参、颜幸生。参字子舆，鲁国人。幸字子柳，鲁国人。

48 岁：（公元前 504 年）鲁定公六年

季氏家臣阳虎擅权日重。孔子称之为"陪臣执国命"。(《论语·季氏》)《史记·孔子世家》云："陪臣执国政。故孔子不仕，退而修《诗》《书》《礼》《乐》，弟子弥众，至自远方，莫不受业焉。"阳虎欲见孔子，孔子不想见阳虎，后二人在路上相遇。阳虎劝孔子出仕，孔子没有明确表态。

此事当在鲁定公五年或鲁定公六年。

49 岁：（公元前 503 年）鲁定公七年

弟子颛孙师生。师字子张，陈国人。

50 岁：（公元前 502 年）鲁定公八年

自谓"五十而知天命"《论语·为政》。公山不狃以费叛季氏，使人召孔子，孔子欲往，被子路阻拦。

51 岁：（公元前 501 年）鲁定公九年

孔子为中都宰，治理中都一年，卓有政绩，四方则之。弟子冉鲁、曹坅、

伯虔、颜高，叔仲会生。鲁字子鲁，鲁国人；坅字子循，蔡国人；虔字子析，鲁国人；高字子骄，鲁国人；会字子期，鲁国人。

52 岁：（公元前 500 年）鲁定公十年

孔子由中都宰升小司空，后升大司寇，摄相事。夏天随定公与齐侯相会于夹谷。孔子事先对齐国邀鲁君会于夹谷有所警惕和准备，故不仅使齐国劫持定

公的阴谋未能得逞，而且逼迫齐国答应
归还侵占鲁国的郓、龟阴等土地。

　　53 岁：(公元前 499 年) 鲁定公十一年

　　孔子为鲁司寇，鲁国大治。

　　54 岁：(公元前 498 年) 鲁定公十二年

　　孔子为鲁司寇。为削弱三桓，采取
堕三都的措施。叔孙氏与季孙氏为削弱
家臣的势力，支持孔子的这一主张，但

此一行动受孟孙氏家臣公敛处父的抵制，孟孙氏暗中支持公敛处父。堕三都的行动半途而废。弟子公孙龙生。龙字子石，楚国人。

55 岁：（公元前 497 年）鲁定公十三年

春，齐国送 80 名美女到鲁国。季桓子接受了女乐，君臣迷恋歌舞，多日不理朝政。孔子与季氏出现不和。孔子离开鲁国到了卫国。十月，孔子受谗言之害，离开卫国前往陈国。路经匡地，被围困。后经蒲地，遇公叔氏叛卫，孔子与弟子又被围困。后又返回卫都。

56 岁：（公元前 496 年）鲁定公十四年

孔子在卫国被卫灵公夫人南子召见。子路对孔子见南子极有意见批评了孔子。郑国子产去世，孔子听到消息后，十分难过，称赞子产是"古之遗爱"。

57 岁：（公元前 495 年）鲁定公十五年

孔子去卫居鲁。夏五月鲁定公卒，

鲁哀公立。

58 岁：（公元前 494 年）鲁哀公元年

孔子居鲁，吴国使人聘鲁，就"骨节专车"一事问于孔子。

59 岁：（公元前 493 年）鲁哀公二年

孔子由鲁至卫。卫灵公问陈（阵）于孔子，孔子婉言拒绝了卫灵公。孔子在卫国住不下去，去卫西行。经过曹国到宋国。宋司马桓魋讨厌孔子，扬言要加害孔子，孔子微服而行。

60 岁：（公元前 492 年）鲁哀公三年

孔子自谓"六十而耳顺"。孔子过郑到陈国，在郑国都城与弟子失散独自在东门等候弟子来寻找，被人嘲笑，称之为"累累若丧家之犬"。孔子欣然笑曰："然哉，然哉！"

61岁：（公元前491年）鲁哀公四年

孔子离陈往蔡。

62岁：（公元前490年）鲁哀公五年

孔子自蔡到叶。叶公问政于孔子，并与孔子讨论有关正直的道德问题。在去叶返蔡的途中，孔子遇隐者。

63岁：（公元前489年）鲁哀公六年

孔子与弟子在陈蔡之间被困绝粮，许多弟子因困饿而病，后被楚人相救。由楚返卫，途中又遇隐者。

64岁：（公元前488年）鲁哀公七年

孔子在卫。主张在卫国为政先要正名。

65岁：（公元前487年）鲁哀公八年

孔子在卫。是年吴伐鲁，战败。孔

子的弟子有若参战有功。

66 岁：（公元前 486 年）鲁哀公九年

孔子在卫。

67 岁：（公元前 485 年）鲁哀公十年

孔子在卫。孔子夫人亓官氏卒。

68 岁：（公元前 484 年）鲁哀公十一年

是年齐师伐鲁，孔子弟子冉有帅鲁师与齐战，获胜。季康子问冉有指挥才能从何而来？冉有答曰"学之于孔子"。季康子派人以币迎孔于归鲁。孔子周游列国 14 年，至此结束。季康子欲行"田赋"，孔子反对。孔子对冉有说："君子之行也，度于礼。施取其厚，事举其中，敛从其薄。

如是则丘亦足矣。"

69岁：（公元前483年）鲁哀公十二年

孔子仍有心从政，然不被用。孔子继续从事教育及整理文献工作。孔子的儿子孔鲤卒。

70岁：（公元前482年）鲁哀公十三年

孔子自谓"七十而从心所欲，不逾矩"。颜回卒，孔子十分悲伤。

71岁：（公元前481年）鲁哀公十四年

是年春，狩猎获麟。孔子认为这不是好征兆，说："吾道穷矣。"于是停止修《春秋》。六月齐国陈恒弑齐简公，孔子见鲁哀公及三桓，请求鲁国出兵讨伐陈桓，没有得到支持。

72 岁：（公元前 480 年）鲁哀公十五年

孔子闻卫国政变，预感到子路有生命危险。子路果然被害。孔子十分难过。

73 岁：（公元前 479 年）鲁哀公十六年

四月，孔子患病，不愈而卒。葬于鲁城北。鲁哀公诔之曰："天不吊，不遗一老，俾屏余一人以在位，茕茕余在疚，呜呼哀哉！尼父！无自律。"不少弟子为之守墓三年，子贡为之守墓六年。弟子及鲁人从墓而家者上百家，得名孔里。孔子的故居改为庙堂，孔子受到人们的奉祀。

七、家谱的起源与发展

（一）家谱的起源

家谱，又称族谱、家乘、祖谱等，是一种以表谱形式，记载一个以血缘关系为主体的家族世系繁衍和重要人物事迹的特殊图书体裁。家谱是中国特有的文化遗产，在汉文化中有悠久的历史，后来在民族融合中逐渐在各民族中开始出现。家谱是中华民族珍贵的人文资料，

对历史学、民俗学、人口学、社会学和经济学的深入研究，均有其不可替代的独特功能。

古往今来，在祖国广袤的土地上，散居着许多大大小小的家族，他们都有着各自共同的祖先，是血缘关系将他们牢固地联系在一起。这些家族构成了中国古代社会的基础。为了能使统治得到延续和稳定，权力更替和财产的继承能够平稳实现，不致落入外人之手，无论是国家还是各个家庭都十分重视血统的纯正。为此，记录血缘关系和血统世系的谱牒就应运而生。早在中国进入奴隶制社会初期的夏朝，王室就有了记录自己世系的谱牒，这就是夏王的家谱。商、周王室也都有自己的家谱，后人曾加以整理，编成《五帝德》《帝系》《五帝系牒》《世本》等通代谱牒。司马迁在创作其不朽的史学著作《史记》时，就曾参考并仔细研究过这些资料，写成《五帝本纪》《夏本纪》《殷本纪》《周本纪》《楚世家》和《三代世表》，完整、系统且具体地记录了五帝的世系和夏、商、周三代王室及楚王室由始祖而下的本支历代世系。同时，司马迁还根据春秋时期各国国君的家谱，编成《十二诸侯年表》。

关于家谱的起源，虽然目前学术界众说纷纭，但从出土的甲骨文、金文、碑文等中国早期文字，及史类文献对家谱起源的考证，家谱的起源至少可以追溯到先秦时代。

　　家谱的起始与士族门阀制度有重要的关系。自魏晋以后，谱牒之学大盛，一些士族门官都以此互相夸耀。但隋唐及其以前的谱牒早已亡佚殆尽，宋、元及明朝的家谱也幸存寥寥。现在能见到的，主要是清代和民国时期的家谱。家谱的名称很多，大体唐以前都称家谱、家传的，宋代又有宗谱或族谱之谓。到了明代，特别是清代以后，名称更多，如宗谱、世牒、世谱、家谱、家乘、家志、谱录等。

（二）家谱的发展与演变

夏商以来，不仅王室有家谱，诸侯及一些贵族也都有自己的家谱，专门记录家族世系。政府设专门机构管理，伟大的爱国主义诗人屈原官居三闾大夫，其主要职责就是掌管楚国昭、景、屈三族的三姓事务，编制三姓的家谱。春秋时期，有人对这些家谱进行整理，编有《世本》15 篇，集中记录了从黄帝至春秋时期帝王公侯卿大夫的家系。相传，荀子也曾编有《春秋公子血脉》，此书今已佚，可"血脉"二字，生动形象地揭示了家谱的本质。汉代司马迁在写作《史记》时，十分重视家谱并大量参考了春秋以前的各种谱牒资料，用《太史公自序》的语言是"维三代尚矣，年纪不可考，盖取之谱牒旧闻"。《史记》所记述的上古以来

的政权更替和诸侯贵族的家系历史，是我们今天了解上古历史的权威著作。

春秋时期，皇帝的家族事务由政府专门设置宗正来管理，当然也包括皇帝的家世记载和家谱编行，民间的家谱基本处于自流阶段。秦代的家谱，现在已不见记载。汉代家谱，见于文献记载的有《帝王诸侯世谱》20卷，《扬雄家牒》《邓氏官谱》以及颍川太守聊氏所作的《万姓谱》等。此外，还有一些碑刻实物，

也记载了家脉的传承。

东汉时期，政府选拔人才的途径之一是"察举"，即根据社会议论来判别一个人的品德和才能，然后量才录用。评论必须由社会头面人士进行。而他们自然不会注意到普通人家的子弟，目光只能在同阶层的圈子里，这样，门第和家世就逐渐重要起来。三国时代，魏国实行了九品中正制，分九个等级从士人中选官，它以士人的籍贯、门第作为主要标准，这种选士方法，当时被称为门选。根据门第来选官的最终结果是强化和保证了门第等级的尊严，防止低门第者通过认宗、联宗、联姻等方式挤入高门第，分享特权和既得利益。因此，为了选官便利和身份证明，无论是政府还是豪门，都非常重视家谱的纂修。家谱在政治、婚姻方面作用的递增给家谱的发展注入了新的动力，谱牒由此得到了极大的发展。政府设置"谱局"，专门编修谱牒，中央政府和地方政府均设"谱库"一类机构，收藏谱牌，以备不时查验。

为了能使家族等级区别清楚，南北朝时除了编有本家族的谱牒之外，也编有如《百家谱》之类的郡姓、州姓谱，将本州、本郡的大小家族，三六九等地区别记录各自的世系，据萧梁时期阮孝绪的《七录》记载，当时的谱牒著作就达一千余卷。那时的寒门素族，如果要改变自己的社会地位，除了与士族攀婚之外，只有伪诈高门，诡称郡望了。

南北朝时，家谱如此重要，因而，一切能证明家族身份、氏族等级的文件、资料都一定要有世系的内容，流传至今的一些墓志铭和史书也不例外。尤其是北魏收所撰的位居封建时代二十四部正史之一的《魏书》，更是一部家谱式的正文，每一列传后，均附有子孙名字、官爵，最多的竟达百余人。南北朝时期的家谱现在已基本亡佚，这些史书为我们

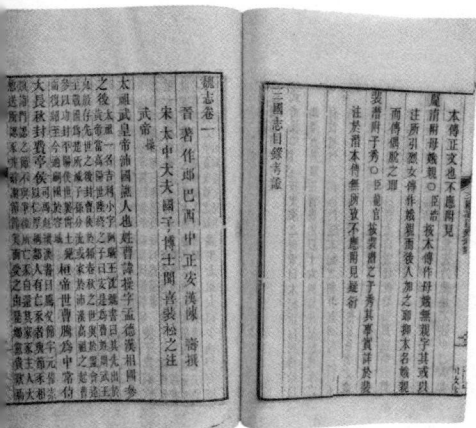

保留了一批相当完整的谱系资料。此外，南北朝时的一些注书也曾大量引用当时的家谱资料，如裴松之《三国志注》引用 19 种，刘孝标《世说新语注》引用达 36 种，由此亦可见当时谱书之盛。

隋唐两代的统治者都出身于豪门士族，因而，对于谱牒维护统治利益，巩固政权的作用非常清楚。隋唐时期，门阀制度也很盛行，但与南北朝时有所不同，一是隋唐取士大多通过科举制度，与门第关系不大；另外，经过隋末农民起义的冲击，南北朝时的一些士族衰落、消灭了，另一批军功贵族崛起，产生了一批新的豪门，构成李唐王朝的统治基础和主体。为了维护整个统治集团的既得利益，巩固统治基础，唐王朝的谱牒修撰权基本为官府所垄断。政府设置了专门机构，不惜花费巨大代价，一次又一次地组织编写了数部大型的谱牒著作。唐代政府修撰的谱牒，均为政治作用明显的姓氏谱和衣冠谱，比较著名的有《氏族志》《姓氏录》《姓族系录》《元和姓纂》《皇室永泰谱》《唐皇玉牒》等，都是皇皇巨制。官修谱牒，成了一个十分有效的政治工具。以谱牒形式将各派政治力量的既得利益固定下来，调整了统治集团内部的利益关系。

谱牒在唐代政治生活和婚姻中仍有相当大的作用，尤其是在婚姻方面。因而，不仅官府修谱来评定姓氏高下，私人自修家谱的情况也很多。据《新唐书·艺文志》的不完全记载，经过唐末及五代战乱所余的各类家谱仍达一千余卷。同时，还涌现了一批谱学家，在社会政治活动中发挥着作用，只可惜唐代的各类家谱除了敦煌石窟中保留有若干残页外，早已荡然无存。

唐末黄巢起义彻底摧毁了贵族门阀制度。五代时期，征战不已，权贵者多是靠战功而升迁的，基本上没有什么显

赫的家世值得夸耀，再加上贵贱变化无常，更替很快，权贵者既不愿意，也不可能抽出时间来摆家世，排门第，魏晋以来的政府谱学也就自然消亡了。

宋朝建立后，取士继承了唐朝的科举制度。婚姻很少注重门阀，唐朝以前谱牒所能起的政治作用已基本消失，巩固统治用不着这个政治工具，政府没有必要再来编修或收藏各种家谱。家谱曲纂修，一时衰落了，这种状况一直延续到宋仁宗皇祐、至和年间才得到改变。唐宋八大家中的欧阳修、苏洵不约而同地编写了各自的家谱。并提出了编修原则和具体的方法、体例，使得家谱以另一种面目逐步走向繁荣。

欧阳修在主持编修《新唐书》时就十分重视谱牒，专门在《新唐书》中设置了《宗室世系》《宰相世系》，用以记录李姓皇族的世系和唐代 369 名宰相的世系。修订《新唐书》后，他发现自己的家

族世系族人们都不太清楚，为了使族人和子孙能够了解祖先遗德，他采用了史书的体例和图表方式，将五世祖安福府君欧阳万以来本家族的迁徙、婚嫁、官封、名谥、享年、墓葬及其行事等编成一部新型家谱。几乎与之同时，苏洵也编成《苏氏族谱》。二人都是使用"小宗之法"，都是以五世祖作为家族始祖的。这是由于五代以来，整个社会成员的政治、经济地位都不是固定不变的，一般家庭很少能够世代富贵，倘若追溯五世以上的祖先事迹时，往往会碰到几世贫贱，族人脸上无光。因此，一般家族只好采用"小宗之法"。至于皇族，则可追溯数十百代，采用"大宗之法"来编修家谱。

两宋时代，很多士大夫都为自己的家族编写家谱，同时，还出现了一些理论著述，最著名的就是郑樵的《通志·氏族略》，这些理论和实践，指引着两宋私人修谱事业蓬勃发展。

辽、金、元三代的家谱，如今已全部失传，见于目录记载的也非常少。明清两代的家谱编修达到了中国封建社会的高峰，现在我们所能见到的古人家谱大都是明清两代纂修的，明清两代家谱编纂的目的与宋代一样，主要是为了记录家系、和睦家族、教育族人以及提高本家族在社会中的声望和地位。因而，明清两代的家谱内容比宋代增加了许多。为了抬高和标榜家族高贵，很多家谱采用了"大宗之法"。动辄上溯几十代，上百代，必定以古帝王或名人为先祖。除将家族世系排列清楚外，又增加了传记、著述、祠堂、家规、家训等方面的内容，人物的记述也增加了子女、婚嫁等方面的情况。为了隐恶扬善和保持血统纯正，还规定了各种人物不准入谱的限制。行文重视文采，为了使家族世系的延续得以永远记录下去，还规定了续修家谱的年限。所有这些，使得明清时代的家谱纂修更系统，价值更高。

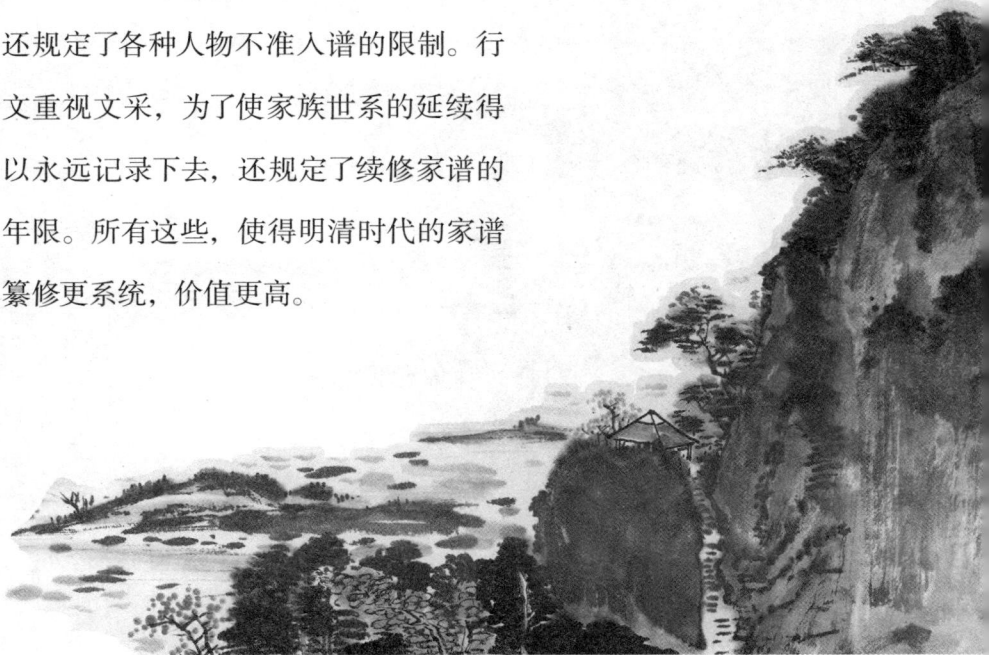

八、家谱的内容与价值

（一）家谱的名称

家谱，历史上曾有多种名称，家谱仅是其中使用最多和最有代表性的一种。从古至今，家谱类文献的名称大致还有如下这些：族谱、族系录、族姓昭穆记、族志、宗谱、宗簿、宗系谱、家乘、家牒、家史、家志、家记、百家集谱、世录、世家、世本、世纪、世谱、世传、世系录、支谱、本支世系、帝系、玉牒、辨宗录、系叶谱、述系谱、大同谱、大成谱中表簿、房从谱、诸房略、全谱、合谱、统谱、通谱、总谱等等。

家谱的命名，通常是在家谱之前冠以姓氏、地名、郡望、几修等内容，如《汾湖柳氏第三次纂修家谱》，有地名、姓氏、几修。《六修严氏家谱》只有几修和姓氏。还有一些则标上具体住处，如《毗陵修善里胡氏宗谱》。

（二）家谱的内容与格式

上古时期的家谱，仅为君王诸侯和贵族所独有，家谱的作用仅为血统的证明，是为袭爵和继承财产服务的，其内容也比较单一，仅为世系的说明。

魏晋以后，选官、婚姻以至社会交

往都要看门第，这样一来，家谱在政治生活、经济生活和社会生活中的作用就大大增强，家谱的内容也比以往有所增加。

到了宋代，官方修谱的传统禁例被打破，民间编撰家谱的风气更加兴盛，这时的家谱在政治生活中基本上不再发挥作用，其作用转移到尊祖、敬宗、睦族上。家谱经常被反复修撰，每次修谱，也就成了同姓同族人之间的大事。

到了明清两代，家谱修撰的结构已基本定型，流传到现在的家谱也极为丰富。

家谱的内容主要包括三部分：第一部分是世系图，即某人的世系所承，属于何代、其父何人；第二部分是家谱正文，是按世系图中所列各人的先后次序编定的，分别介绍各人的字号、父讳、行次、时代、职官、封爵、享年、卒日、谥号、姻配等。这些介绍性的文字，长者五十

余字，短者仅二三字，实际是人物小传；第三部分为附录。

有些家谱，在立谱时，便确定了家族世系命名的辈分序列，而且事先标定字号，辈分清楚，乡间名之为"排辈"，实则是排资论辈的意思。由于历史上形成的重男轻女思想，男子在起"大名"时，必须以预定的某字作为名字的一部分。这个字要放在全名三字的中间或最末，各个辈数层次不一定完全一样，但有着约定俗成的规矩。

中国古代的家谱，因为时代不同，作用不同，因而，记录的内容也不完全相同，越到后期内容越多，越到后来记录越详，与之相适应的是，家谱的格式在不同时代也不尽相同。

商用甲骨、青铜家谱仅记录世系。格式上是每人一行，说明关系，较为简单。汉代的家谱格式大致有三种。一为横格表制，分代分格，按时代顺序排列《史记》中有关各表是其代表；二是以姓名为单位，先叙得姓起源，再述世系和官位；三是一贯连写，汉代流传至今的两块碑文《孙叔敖碑》和《赵宽碑》是其代表。魏晋南北朝是分行写，或连行写，每代与前代空一格，这从现存北魏薛孝通贻后券等的墓志就可看出。唐朝的家谱大多为合谱，一般是以姓为单位排列连写。宋代以后，又开始分代分格。明清时代的家谱，大多取法于此，卷首列世系总表，以备检查，然后每人半页，依辈排列。

家谱修撰到了明清两代结构已基本定型。明清两代家谱的格式大致排列如下：

谱序：

有自序和他序的区别，其内容为叙述修撰缘起，本谱的修撰历史、过程与内容大要及修订年月等，作用是宣扬本谱主旨，颂扬祖德，使子孙读来能敬祖向善。如果本谱是续修之作，那么，除收载新写的序外，以往历次修谱的旧序，也一并收入。有时为了增光族望，还专请当代名人作序，并将以往名人为列谱所作的序也依时代先后排列收载。谱序在有些家谱中亦有别称，如"引""谱说""谱铭""谱券"等。

题词：

不是每部家谱都有的，大多是前代皇帝或名人为本家族或家谱的题词，放在显著位置。目的是以此炫耀家世。

恩荣：

集中记载历代皇帝对本家族或某些成员的褒奖，包括各种敕书、诰命、御制碑文等，有的还包括皇帝或地方官员

为本家族题写的各种匾额，目的是通过
重君思来彰明祖德。

凡例：

也称谱例，主要是介绍本谱的编写
体例、收录范围、结构特点、各种著录
规则、本谱中各类目的立类理由、适用
范围、各种可入谱和不可入谱人物的标
准以及如何避讳等行文要求。

图：

明清时代家谱的卷首，多数都有图
版，内容不完全相同，一般总具有祖庙、
祖茔、祠堂以及牧场、水源或住宅四至图。

节孝：

宋代以至明清特别重视节孝，家族
中出了节妇孝子，是全家族的光荣，因此，
很多家谱在首卷都立节孝一章。

像赞：

将本家族先人中显达之人画出其仪
容，置于卷首，以求达到光大族望、熏陶
后人的目的，有些还刊载一些先人遗墨。

考：

有疑则考。一个家族，存在几百年、千余年，自然有些事情不太清楚，可修谱时又必须写上，因此，只得进行考索。通常需要进行考证的，大抵有如下内容：姓氏来源、迁徙经过和原因、某些世系、仕籍、先人科名以及同庙、祖茔等。

世系：

也称世表、世系表、世系图，是以图表形式反映家族成员的血缘关系，这是家谱的主要内容，通常是五代为一表。

世系录：

也有家谱作世序、世系考、传实、行实、世录，是对世系表的解释，即记录一个人生、老、病、死、葬的简历，内容包括父名、排行、名、字、号、生卒年月日时、享年、官职、功名、德行、葬地、葬向、妻妾的生卒年月日时、封诰、岳家、子女、女嫁之人，有无富贵外孙等，特别重生死、血统。

派语：

也称字辈，为记载族人的排行字语。封建时代，家族排行都是有一定寓意的，大多是由皇帝、名人、祖先确定。子孙后代，一代一字作为排序。

传记：

与世系录有点相似，不同的是世系录是本家族每个男性成员均有，而传记类则是家族中有功名贤能、特殊事迹、丰功传业、名可行世之人方可入传。传记又分为内传、外传两种，内传为有懿行的女子传记，外传为男子传记，可由后人自写，也可请当代名人写。

宗规家训：

可单称为族规、阖规、家规、家训、家箴、规约，相当于家族法规，内容广泛，基本上为修身、齐家、忠君、敬祖、互助、守法等方面，其中一部分为规约，族人必须遵守，如有违犯，则以家法制裁。另一些为训语，主要为劝诫的内容，教

人做人行世的道理，这部分通常称为家教。还有一部分为庙规，也称家礼，为家族祭祀礼仪。如祖庙、祠堂组成，祭祀规矩、程序，婚丧仪式等等。这部分内容是封建伦理道德在家谱中的集中体现。

祠堂、祠产、坊墓：

记录家族祠堂的历史与现状、规制、神位、世次，以及同产、义庄、义田、祭田的管理和祖茔及各房基地的分布和坐向等。

先世考辨：

主要为叙述家族历史，如得姓始末，始祖、支派、迁徙、分布情况。尤其是本支的迁徙、定居历史和各支外迁史，以及一些同姓、同宗的考辨等等。

志：

家谱中另一种比较重要的内容。大多为家族中专门资料的汇集，如科名、节孝、仕宦、宗行、宗寿、宗才、封赠、族内学校、学产、历代祖屋、祖茔、祖产分布等等。这是明清家谱取法于文书中的"志",即专门史而成。

杂记:

其他类不收或遗漏的均在此处叙述。大多为本家族的一些专门资料,如男女高年、争讼、田产、茔地的契约、合约、合同、诉讼文书等,范围很广、很杂。

文献:

也称著述、艺文、文苑。收载的均为本家族先人的著述,其中包括各种家

规、家训、家范、墓志、行状、诗、文、帖、简、奏疏等。有的是全收,有的仅列目录。

修谱姓氏:

一般包括两项内容,一为领衔编纂人姓名,一为捐献经费人姓名,均列在谱末。

五服图:

五服是封建家族法规的重要依据,很多家谱后附五服图,目的是为了令族人重视和了解,不得混乱。

余庆录:

家谱修成,末尾照例留几页空白纸,上书"余庆录",意为子孙绵延,留有余庆。

领谱字号:

为了防止家谱外传,一般在家谱后都有顺序号。然后登记注册,某人领某号,定期抽查。

此外,在有些家谱中,还有一些特殊的内容,如某些家谱专设义谱一类,收载族内各支所收异姓养子、义女的世系。有些家谱中收录有家族中重要人物的年谱资料等等。近代一些家谱后面，有的还附有一些统计图表，如人口等。

以上所说的家谱的各种格式，并不是每部家谱都完全具备的，由于时代、地区、家族的差异，所修成家谱的详略程度不会完全一样，其余诸如格式分合、排列次序也不会都完全一致。但总体来说，基本上还是按照上述次序排列的。

（三）家谱的价值与利用

当今时代，家谱作为一种历史文献，对于我们了解过去仍有着重要作用，它的价值大致表现在如下方面：

首先，家谱对于古代人物研究具有相当权威的资料价值。我们知道，查考古代人物，主要是通过正史中的传记、古代的文集、笔记和方志等。一些不太有名的人物，在这些资料中就很难找到，

有也是寥寥数语。即使是一些著名人物，有时也存在这样的问题，很难满足人们对于人物研究的需求。家谱就不同，家谱的特点是记录家族人物，在世系录中于每人之下均注明属于何支、何房、名、字、号、行第、生卒年月日时、享年、妻室、子女、墓地，尤其对功名、官阶等记载较详，艺文中还收录了有关行状、传记、墓志等资料，重要人物还专门写有传记。这些资料中虽然会有溢美之词，但大多数内容是可靠的。通过家谱，我们不仅可以知道我们所要了解的人物本身的情况，还可以了解他的世系，即祖先和子

女的情况。近年来，学者们研究的目光逐步投向家谱。家谱给我们了解和研究一些历史人物的早期生活以及他们后人的事迹提供了许多宝贵资料。

第二，家谱对于人口史研究，具有重要的史料价值。家谱中的世系是家谱基本的部分，对于族人的出生和死亡都有详细记载，比官方记录要详细而可靠得多。通过家谱我们可以了解到其家族各个时期的人口数量、人口结构、人口的增减速度和原因、人口的社会构成、职业、文化状况、婚姻状况、寿命等等。

第三，家谱对于移民的研究，提供了第一手资料。任何一部家谱都要记录族源和迁徙情况，本家族由何处而来，迁居原因，经何处而定居此地等等，都须一一交代清楚。此外，家族定居后又有哪个支系迁出，迁移的原因、数量、迁居何处、移民生活、移民与当地土著的关系、迁居与本房的关系等，都有记载。

九、家谱研究现状

当前，家谱研究呈现一片方兴未艾之势。经过十来年的研究，其学术成果主要表现在以下方面：

（一）家谱资料的整理开发

20世纪80年代家谱研究的兴起首先是文献资料的成功开发，北京图书馆在1985年开始馆藏家谱的开发整理，经过数年时间，在完成编撰馆藏家谱目录

和家谱提要 2228 种的基础上，成立地方志和家谱文献中心，编辑出版家谱的二次文献、资料丛编。上海图书馆收藏有家谱原件 11200 种、83000 余册，为世界上收藏家谱原件最多的图书馆，目前已成立专门机构，加强馆藏家谱的开发、利用及其研究。除了图书馆加快馆藏家谱的开发整理，社会各界也从各个方面促进家谱资料的开发整理。南开大学历史系、中国档案局二处、中国社科院历史所图书馆联合编纂的《中国族谱联合目录》共收家谱目录 12000 多种。

（二）关于家谱的研究

在家谱资料整理开发的基础上，学术界出现了不少家谱研究的论文。许多论文对家谱的源流、沿革及编撰体例、记事内容等问题进行了探讨，对一些重要姓氏宗族的家谱作了研究。比如家谱研究中有专文对古代人物白居易、曹雪芹、郑和，近现代人物如洪秀全、傅斯年、鲁迅等人的家谱进行研究。在谱学史研究方面，不少学者对前人提出并为学术界所接受的观点进行了挑战，比如对中国家谱起源的年代研究，前人一般都认为中国家谱起源于周代，而现在有学者根据周代以前的文字记录即甲骨文、金文等资料，以及大量的民族学、民俗学的资料得出中国家谱的起源远远早于周代的结论。关于家谱的形式，有的学者提出在文字家谱出现之前就有口授家谱

和结绳家谱，将家谱的形式扩展到书写范围之外。还有对汉代谱学的理解，过去一般都认为"汉朝帝王将相出身草野，不知家世，故不需谱牒学，此为不兴时期"。现在有学者从司马迁、扬雄、班固等人的自叙家谱及现存的汉代石刻为依，提出汉代并不是谱学的消沉时期和静止时期，而是谱学的活跃时期和发展时期。尽管他们的研究结论还有待检验，但其勇于探讨的精神和扎实的研究方法却值得提倡。他们的研究对家谱研究朝纵深方向的发展开辟了道路。

（三）关于家谱应用的研究

从近期发表的论文和出版的书籍来看，家谱资料在社会科学各学科的研究中得到了广泛的应用。在人口学、民族学、人才学、社会学、经济史、华侨史、法制史、伦理学史等方面都有应用家谱资料进行研究的上乘之作。其中利用家谱资料最多，研究成果最大的是社会史的研究。社会史是历史研究的一个部分，属于微观史学研究范畴。过去史学界重视宏观研究，偏重于讨论社会、朝代发展更替的原因。现在随着家谱资料的重见天日，以家谱作为重要史料基础的社会史研究得到发展。以 1996 年社会史研究为例，有不少论著是以家谱作为史料基础的。如《中国古代的家谱》《中国古代的宗族和祠堂》《中国的宗族社会》等。还有是姓氏学方面，利用家谱资料梳理血缘亲族源流的著作有《中国姓氏通书》，详细介绍每一个血缘亲族的起源、演变、分支、迁徙、繁衍的历史，以及家族独特的风俗礼仪、家族文化等。

此外，还有两类特殊的家谱，我们就不作探讨了，一类是皇族的玉牒，一类是少数民族的家谱。

十、修谱实例：孔子家谱

四十七世祖　黄帝轩辕氏

四十六世祖　少昊金天氏（玄嚣）

四十五世祖　蟜极

四十四世祖　帝喾高辛氏

四十三世祖　契

四十二世祖　昭明

四十一世祖　相土

四十世祖　昌若

三十九世祖　曹圉

三十八世祖　冥

三十七世祖　振（王亥）、王恒

三十六世祖　上甲微

三十五世祖　报乙

三十四世祖　报丙

三十三世祖　报丁

三十二世祖　主壬

三十一世祖　主癸

三十世祖　商王成汤（太乙）

二十九世祖　太丁、商王外丙、商王仲壬

二十八世祖　商王太甲（太宗）

二十七世祖　商王沃丁、商王太庚

二十六世祖　商王小甲、商王雍己、商王太戊（中宗）

二十五世祖　商王仲丁、商王外壬、商王河亶甲

二十四世祖　商王祖乙

二十三世祖　商王祖辛、商王沃甲

二十二世祖　商王祖丁、商王南庚

二十一世祖　商王阳甲、商王盘庚、

商王小辛、商王小乙

二十一世祖　商王武丁（高宗）

二十世祖　商王祖庚、商王祖甲

十九世祖　商王廪辛

十八世祖　商王康丁

十七世祖　商王武乙

十六世祖　商王文丁

十五世祖　商王帝乙

十四世祖　商王帝辛（纣）、微子、
微仲衍

十三世祖　宋公稽

十二世祖　宋丁公申

十一世祖　宋闵公共

十世祖　弗父何

九世祖　宋父周

八世祖　世子胜

七世祖　正考父

六世祖　孔父嘉

五世祖　木金父

高祖　祁父

曾祖　防叔

祖父　伯夏

父　叔梁纥

孔子

子　孔鲤

孙　孔伋

曾孙　孔白

玄孙　孔求

六代孙　孔箕

七代孙　孔穿

八代孙　孔谦

九代孙　孔鲋、孔树、孔腾，汉高祖刘邦封孔腾为"奉祀君"

十代孙　孔忠

十一代孙　孔武

十二代孙　孔延年

十三代孙　孔霸，汉元帝封为"褒成侯"，赐食邑八百户

十四代孙　孔福，被汉成帝绥和元年封为"殷绍嘉侯"

十五代孙　孔房，褒成侯

十六代孙　孔均，褒成侯

十七代孙　孔志，褒成侯

十八代孙　孔损，褒亭侯

十九代孙　孔曜，奉圣亭侯

二十代孙　孔完、孔赞，褒成侯

二十一代孙　孔羡，宗圣侯

二十二代孙　孔震，奉圣亭侯

二十三代孙　孔嶷，奉圣亭侯

二十四代孙　孔抚，奉圣亭侯

二十五代孙　孔懿，奉圣亭侯

二十六代孙　孔鲜，奉圣亭侯

二十七代孙　孔乘，崇圣大夫

二十八代孙　孔灵珍，崇圣侯

二十九代孙　孔文泰，崇圣侯

三十代孙　孔渠，崇圣侯

三十一代孙　孔长孙，恭圣侯

三十二代孙　孔嗣悊，绍圣侯

三十三代孙　孔德伦，褒圣侯

三十四代孙　孔崇基，褒圣侯

三十五代孙　孔璲之，褒圣侯、文宣王兼兖州长史

三十六代孙　孔萱，文宣公

三十七代孙　孔齐卿，文宣公

三十八代孙　孔惟晊，文宣公

三十九代孙　孔策，文宣公

四十代孙　孔振，文宣公

四十一代孙　孔昭俭，文宣公

四十二代孙　孔光嗣，泗水主簿

四十三代孙　孔仁玉，文宣公兼曲阜县令

四十四代孙　孔宜，文宣公兼曲阜主簿、赞善大夫

四十五代孙　孔延世，文宣公兼曲阜县令

历代衍圣公：

第四十六代衍圣公　孔圣佑，文宣公兼知县事、孔宗愿

第四十七代衍圣公　孔若虚、孔若愚、孔若蒙

第四十八代衍圣公　孔端立、孔端操、孔端友（南宗）

第四十九代衍圣公　孔琥、孔璠、孔玠（南宗）

第五十代衍圣公　孔拂、孔摠、孔晋、孔拯

第五十一代衍圣公　孔元用、孔元孝、孔文远（南宗）、孔元措、孔元纮

第五十二代衍圣公　孔之厚、孔之全、孔万春、孔之周

第五十三代衍圣公　孔浣、孔治、孔贞、孔洙（南宗）

第五十四代衍圣公　孔思晦、孔思诚、孔思许（南宗）

第五十五代衍圣公　孔克坚、孔克忠（南宗）

第五十六代衍圣公　孔希学、孔希路（南宗）

第五十七代衍圣公　孔讷、孔议（南宗）

第五十八代衍圣公　孔公鉴、孔公诚（南宗）

第五十九代衍圣公　孔彦缙、孔彦绳（南宗）

第六十代衍圣公　孔承庆、孔承美（南宗）

第六十一代衍圣公　孔宏绪、孔宏泰（字永实）、孔弘章（南宗）

第六十二代衍圣公　孔闻韶、孔闻音（南宗）

第六十三代衍圣公　孔贞干、孔贞宁、孔贞运（南宗）

第六十四代衍圣公　孔尚贤、孔尚

乾（南宗）

第六十五代衍圣公　孔衍植、孔衍桢（南宗）

第六十六代衍圣公　孔兴燮、孔兴㦂（南宗）

第六十七代衍圣公　孔毓圻、孔毓垣（南宗）

第六十八代衍圣公　孔传铎、孔传锦（南宗）

第六十九代衍圣公　孔继濩、孔继涛（南宗）

第七十代衍圣公　孔广棨、孔广杓（南宗）

第七十一代衍圣公　孔昭焕、孔昭焕（南宗）

第七十二代衍圣公　孔宪培、孔宪坤（南宗）

第七十三代衍圣公　孔庆镕、孔庆仪（南宗）

第七十四代衍圣公　孔繁灝、孔繁

豪（南宗）

第七十五代衍圣公　孔祥珂、孔祥楷（南宗）

第七十六代衍圣公　孔令贻（字谷孙），光绪三年（1877 年）5 岁时承袭衍圣公

第七十七代衍圣公　孔德成（1920 年生）

第七十八代大成至圣先师奉祀官　孔维益

第七十九代大成至圣先师奉祀官　孔垂长

第八十代大成至圣先师奉祀官　孔佑仁